CHUTE DU SYSTÈME.

A. PIHAN DELAFOREST,

IMPRIMEUR DE MONSIEUR LE DAUPHIN ET DE LA COUR DE CASSATION,

rue des Noyers, n° 37.

LA
CHUTE DU SYSTÈME.

(1720 — 1825.)

PARIS,

HIVERT, Libraire, rue des Mathurins Saint-Jacques, n° 18 ;
PONTHIEU, Libraire, au Palais-Royal.

1825.

Les cinq fléchissent et se relèveront : les trois s'éteignent et ne ressusciteront pas. Il n'est point donné au caprice de l'homme de surmonter la résistance des choses.

Le système croule de lui-même : sa chute prochaine avait été démontrée. L'ignorance des faits, la futilité des moyens, l'égarement des idées, tout la rendait inévitable.

Quelques passages des *Trois pour cent*, publiés en juin, juillet et août, donnent le développement de ces diverses causes de ruine, dont l'action est indépendante des circonstances étrangères.

(4 décembre 1825.)

(*Des Trois pour Cent*, formant un volume de 15 feuilles ; chez Ponthieu, Palais-Royal.)

LA
CHUTE DU SYSTÈME.

EXTRAITS DES TROIS POUR CENT.

LE crédit de l'Etat ne pouvait s'élever graduellement
et se fixer solidement, que par le classement des rentes,
par leur admission au titre d'immeubles, au moyen de
quoi la portion mobile et vénale s'atténue : et le ministre
travaille à forcer la transmutation des rentes qui soute-
naient le crédit par la stabilité de leurs placemens, en
rentes qui changent à peu près chaque mois de pos-
sesseurs.

La baisse de l'intérêt ne devait provenir que de la ré-
percussion des capitaux affluens à la Bourse, et de leur

dissémination entre les emplois de l'industrie rurale et commerciale ; et le ministre ouvre aux joutes de l'agiotage une lice dont les limites sont en baisse à 45, en hausse à 85, comme pour absorber tous les esprits, pour aspirer tous les fonds devers le gouffre de Paris.

Enfin, la richesse nationale, qui émane uniquement de l'exercice du travail et de l'action des capitaux, ne saurait profiter de l'existence d'une dette publique, qu'autant que celle-ci offre un placement fixe ou un emploi temporaire aux fonds qui, autrement, seraient exposés à des pertes ou resteraient oisifs en caisse : et le ministre suscite, fomente, aggrave les perturbations de son cours, dont l'effet certain est de compromettre les uns, de repousser les autres.

Les tables de *Sinclair* nous transmettent le cours des 3 pour 100 depuis 1730. Les phases en sont curieuses ; il jettent d'abord le plus vif éclat ; de 1730 à 1744, on les voit long-temps au-dessus de 100, jamais au-dessous de 95. Quelque langueur survient pour lors, jusqu'en 1750, où on les retrouve à la même hauteur, seulement pendant quatre ou cinq ans ; et c'est pour ne plus l'atteindre avant ces dernières années.

Dans le cours naturel des choses, il n'existe donc point de causes certaines, de principe constant qui tendent à élever graduellement et consécutivement le cours des effets publics, et à baisser proportionnellement l'intérêt des transactions privées, ou du moins ces causes sont comprimées et ce principe est amorti, avec une sorte apparente de régularité, par l'émission de telles et telles circonstances, fort différentes de nature, et pourtant analogues dans leurs effets, dont les temps, toujours menaçans, accouchent d'un jour à l'autre.

A travers la complication des causes d'ascension et des circonstances de dépression, il apparaît une loi générale, suivant laquelle le cours s'arrête et se fixe au terme apposé par le denier naturel de la contrée, ou y est ramené bientôt, lorsqu'il l'a dépassé dans un moment de fougue.

L'expérience d'un siècle démontre que cette loi commande souverainement en Angleterre au denier $33\frac{1}{3}$, en France au denier 20; et, dans ce moment, tous les faits, tous les présages, annoncent le retour périodique de son empire.

Quand les effets publics se disposent à aborder le terme où la mémoire ne les a pas encore vus, où l'idée s'étonne de les voir, le champ manque aux rêves de l'espérance; et, comme la paix règne en ces temps, l'effervescence intestine des esprits rendus au calme, c'est-à-dire à l'ennui, brûle de se livrer aux tentations qui sont offertes de toutes parts. Ainsi à Londres en 1719, à Paris en 1720, par un mouvement presque simultané, la spéculation, abandonnant la rente sur l'état, se jette avidement sur les actions et les billets des compagnies de la mer du Sud et du Mississipi; ainsi, de 1787 à 1790, la caisse d'escompte absorbe toutes les conceptions, accapare tous les

capitaux, et laisse en stagnation le cours de la dette publique.

Ce phénomène se représente maintenant avec un caractère encore plus prononcé.

Voyez à la Bourse de Londres, en ce foyer du fluide
électrique, d'où l'étincelle part et propage l'incendie de
lieu en lieu, il y a fureur pour les emprunts et les mines
de l'autre monde, lequel, émancipé par un coup du
sort et composé d'élémens hostiles, ne peut se rasseoir,
de sorte ou d'autre, qu'après une longue série de révo-
lutions ; et de plus, sans mettre en ligne l'extension dé-
mesurée des fabriques, dont un coup de canon porte la
ruine, plusieurs milliards de capitaux sont appelés par
des projets qui s'exercent dans toute la latitude de l'imagination.

Pour son compte, Paris pousse aux nues les actions de
banque et de caisse, soupire pour le sel gemme, aspire à
des canaux nouveaux, joue à terme sur les huiles et les
eaux-de-vie, se met en croupe derrière sa rivale pour
fouetter les denrées coloniales, et s'engloutit sous une
masse de constructions, éparpillant des fonds jusqu'alors
agglomérés, en nature de salaires qui doivent se confiner
à l'entretien des familles.

Qu'on ne s'y trompe pas : c'est une ère nouvelle qui
ne fait encore que s'entrouvrir, et le système des réductions travaille à élargir les voies, à précipiter le cours.

Or, quant à leur influence dépressive sur les effets publics, il n'importe si ces entreprises divellentes donnent
des profits ou des pertes. Dans tous les cas, le déficit qui
en dérive influe au moment même : en cas de perte, des

capitaux sont détruits, dont le vide ne se comble qu'avec des épargnes; en cas de profits, des fonds colloqués ou flottans sont soutirés du marché de la Bourse par d'autres spéculations qui s'inventent à l'envi des premières; si bien que l'échafaudage, trop exhaussé et trop surchargé, s'écroule enfin, écrasant et anéantissant sous ses ruines tant de richesses réelles qui se sont aventurées, et qu'il n'est donné qu'au temps de recréer.

Ainsi s'évanouissent successivement les deux fictions artificieusement combinées, à l'effet de voiler la honteuse nudité des 3 pour 100 : l'une qui se fonde sur un paroxisme de la fièvre à la hausse, pour élever leur cours de 75 à 90 et à 100; l'autre, qui n'est assise que sur un acte du bon plaisir du ministre, pour substituer le denier 25 au denier 20.

Le rentier lit à tête reposée le nouveau titre qui lui fut remis; il passe légèrement sur l'énonciation gratuite du capital, et n'est frappé que de l'expression du revenu effectif. Les deux semestres de l'année lui rapportent 3,000 fr., qui donnent un capital de 60,000 fr.; c'est autour de ce pivot que se basent ses combinaisons : tout l'y ramène, et le souvenir des temps passés, et le taux actuel des transactions.

Cette inscription, décorée du timbre des 3 pour 100, ne se représente plus à son idée que sous le type des 5 pour 100, ou des 4 pour 80, ou des 3 pour 60. Le ministre chiffre à sa fantaisie ; le barême du rentier est dicté par la nature des choses.

Aurait-il conservé le regret d'une perte maintenant consommée ? il n'en est que plus ardent pour vendre au-dessus du pair de 60, afin de se récupérer en rachetant à plus bas prix. Se serait-il jeté avec fureur sur les fonds nouvellement créés ? ses espoirs vont se tourner en crain-tes, et la honte, la colère, le pressent d'autant plus de s'échapper du gouffre.

Et, dans tout ceci, il n'est fait état, ni des apparences de guerre ou de troubles qui pousseraient la totalité des 5 pour 100 sur la place jusqu'au taux de 45, ni des en-treprises hasardées que tant de charlatans feront valoir, où tant de badauds se laisseront prendre ; ni même de cette rareté de numéraire, qui, par des causes souvent opposées, se fait sentir à des intervalles presque ré-guliers.

Le ministre n'est pas toujours à reprendre ; souvent même il se contredit avec le plus éclatant succès. Sa pré-vision pénètre aux ténèbres de l'avenir ; des inspirations tenant du sublime lui échappent à la tribune ; seulement c'est à nous d'en tirer des conclusions légitimes : ce soin ne le regarde pas.

Ainsi l'axiôme le plus incontestable a été émis maintes fois par sa bouche, et se voit proclamé jusqu'à satiété par ses presses : « *Le cours des fonds publics a atteint son apogée ; l'essor du crédit est arrêté.* »

Ne semble-t-il pas que ce soit le thème original sur lequel un esprit aussi juste que profond a composé cette paraphrase qui donne tant à réfléchir? (Séance des Pairs du 16 avril.)

« Les bases du crédit ne sont pas les mêmes pour tous les états; elles varient suivant leur position et la nature de leurs ressources. Le crédit des états commerciaux, lorsqu'il repose sur des capitaux réels, sur des richesses acquises, est actif et brillant; il enfante des prodiges. Le crédit qui s'appuie sur le sol a moins d'éclat, mais il est plus solide, et c'est dans cette dernière classe que se range celui de la France. C'est le crédit commercial qui a permis à la Hollande, à l'Angleterre, et à d'autres états moins puissans, d'emprunter et de prêter leurs capitaux à 3 pour 100 et même à 2 pour 100; mais le crédit territorial de la France exige un intérêt plus en harmonie avec l'intérêt usité dans les transactions ordinaires, avec la nature d'une richesse publique, qui se compose bien plus encore des revenus d'un sol fertile que des capitaux accumulés par l'industrie. »

Or, cette dernière idée renferme tout le secret du vrai système des finances pour le royaume, ou plutôt délivre à jamais ses finances, et de tout secret, et de tout système; car les sources de la richesse publique, naissant à ciel ouvert et coulant goutte à goutte, il n'y a moyen, ni d'en forcer, ni d'en voiler le cours.

Avant de se jeter dans une opération dont le succès exige une affluence progressive de capitaux, il eût été convenable de rechercher comment ils se forment, comment ils augmentent ou diminuent.

La Hollande et l'Angleterre nous apprennent, chacune par sa leçon, que les épargnes et les profits offrent les élémens de leur composition, avec cette différence que les profits qui s'amoncèlent vivement sont souvent suivis de pertes dont la masse subit le prélèvement, tandis que les épargnes, plus lentes à s'accumuler, n'éprouvent dans leur marche que des retards ou des revers bientôt compensés......

Or, dans les contrées essentiellement agricoles, les capitaux ne se forment point en grande masse, attendu que les profits y sont faibles et les épargnes rares, et ne se conservent point pendant une longue durée, attendu que la culture toujours altérée et les fabriques toujours arriérées, les attirent devers des emplois où ils se fondent en salaires.

En thèse générale, c'est un rêve insensé que de prétendre élever le denier de la dette publique au même taux, en France et en Angleterre.

Et jamais les circonstances n'ont été plus défavorables au succès de ce projet. L'aspect de Paris trompe ; tous les capitaux de la France y sont entassés ; mais c'est une cause de décadence pour la richesse publique, plutôt qu'un signe de prospérité : enlevés au travail productif, dont émanent le revenu et les épargnes, ce ne sont plus que des capitaux de main-morte.

Il semble de cet état voisin de l'agonie, où les extrémités, peu à peu privées du sang vital, se glacent et se paralysent, tandis que les viscères intérieurs sont engorgés de plus en plus, prêts à déchirer leurs enveloppes.

Il n'existe nul rapport appréciable entre le cours habituel des 3 anglais et le cours éventuel des 3 français. C'est l'expérience même qui nous en donne les preuves; car, depuis 1730 jusqu'en 1792, excepté pendant la guerre d'Amérique, les 3 pour 100 sont restés à Londres entre 85 et 105, c'est-à-dire au même taux où étaient les 5 pour 100 à Paris; et de 1815 à 1824, les premiers ont gardé, jusqu'en 1819, un cours supérieur et ensuite un cours presque égal à celui des derniers.

Or, comme les deux Etats n'ont point changé sous les aspects physiques et politiques; comme il est avéré que dans ces derniers temps, la richesse de l'Angleterre a fait des progrès immenses et durables, tandis qu'en France le faible et lent accroissement de l'industrie est plus que compensé par la décadence du revenu rural, rien n'autorise à présager que la proportion entre ces valeurs soit sur le point de varier à notre avantage.

S'il était quelque induction légitime à tirer du rapprochement des cours, elle serait au détriment de nos 3, puisque les autres, en dépit de tant de priviléges, ont fléchi depuis un an de 96 à 90.

Et les présomptions de sorte favorable se hasardent aux secrets de l'avenir, où tout est possible sans doute, où rien n'est improbable à la rigueur; mais aussi où il se trame plus souvent des chances de désastre que des chances de triomphe.

L'*Etoile* s'est donc trompée, au moins cette fois, en disant, le 2 juillet : « M. de La Gervaisais a fait une brochure pour prouver que le crédit de l'Angleterre, qui a une dette si forte qu'elle ne pourra jamais la payer, est à celui de la France, qui n'a qu'une faible dette qu'elle peut facilement acquitter, comme 33 1/3 est à 20. Le journal des *Débats*, en bon français, s'extasie sur l'invention de cette proportion. »

M. de La Gervaisais n'est point homme à invention; il avait seulement exposé un fait.

L'HABITUDE est prise depuis long-temps, de puiser ses moyens contre une cause, dans les argumens même de l'orateur qui la défend; et certes il n'était pas donné au ministre d'en corriger jamais.

Le tableau du cours des fonds anglais de 1802 à 1824, qu'il a daigné soumettre aux deux Chambres, présente le plus précieux document pour démontrer les risques imminens des 3 pour 100.

En prenant d'abord le maximum et le minimum du cours, on voit que les 3 ont joué de 54 à 84, au lieu que les 5 n'ont varié que de 89 à 111; c'est-à-dire que la différence des prix a été, pour les uns, à raison de 56 pour 100, pour les autres, de 22 pour 100.

En suivant les mouvemens de hausse et de baisse, les 3 ont monté, de 1816 à 1817, du cours de 63 à celui de 84, c'est-à-dire d'un tiers en sus; et les 5, du cours de 96 à celui de 109, c'est-à-dire d'un septième en sus. De 1818 à 1819, les 3 sont tombés de 79 à 67, de plus d'un sixième, et les 5 de 109 à 104, d'un vingtième seulement.

Puis, en parcourant le tableau, un coup d'œil suffira pour s'assurer que ce rapport entre le mouvement des deux effets, se retrouve constamment. Il est inutile d'observer que, pendant cette période, les 5 pour 100 n'étaient pas comprimés par la crainte du remboursement, puisqu'ils se sont soutenus de 105 à 110, entre 1817 et 1821.

Le caractère essentiel des 5 pour 100, qui serait également ment constaté par les tables de *Sinclair*, est donc de telle nature que, d'une part, il tend à exciter, à enflammer la passion de l'agiotage, et que, de l'autre, il expose au plus grand péril, soit les joueurs entraînés par l'habitude, soit les rentiers déterminés par l'exemple.

Il y a, dans ce simple exposé, de quoi motiver l'anathème contre les 5 pour 100, sous les rapports de la morale publique, de l'intérêt agricole, et du travail industriel; car le jeu est également leur ennemi mortel.

Quoi qu'en dise le ministre à ses amis, et les amis à leur ministre, la vérité reste. Il y a, dans toute rente, un élément fixe et réel, l'intérêt; un élément variable et idéal, le capital; le premier qui est doué de la force d'inertie, le second qui est voué à toutes les anomalies. La proportion établie entre eux détermine les destinées du cours.

Vous avez des bons du trésor, payables à court terme; leur cote ne s'affecte qu'à raison d'un demi ou trois quarts pour cent. Vous avez eu des annuités remboursables à échéances, leur cote n'était susceptible que d'une différence de 3 à 4 pour 100.

Donnez-nous des 6 pour 100; soit en baisse ou en hausse, leur mouvement sera graduel et régulier, sera presque imperceptible, n'étant influencé que par le taux général de l'intérêt dans la contrée.

. Donnez-nous des 2 pour 100, à peine l'intérêt compte encore. Cette sorte d'oreiller du revenu, sur lequel l'existence reposait sans souci, lui est subitement soustraite; et l'imagination effarée se perd aux rêves de la crainte ou de l'espérance. C'est le Mississipi renouvelé de *Law*.

Entre les 6 pour 100 et les 2 pour 100, viennent se placer nos vieux 5 pour 100, et vos nouveaux 3 pour 100, les uns et les autres obéissant à des lois semblables, bien qu'en un degré différent. En substituant les 3 aux 5, vous jetez la moitié du lest; et le balon, ayant perdu l'équilibre, est balotté dans un sens et dans l'autre, est emporté de région en région, jouet de tous les vents.

« Après le délai, comment se comportera le cours des 5 et des 3? Tout s'oublie; le mal passé n'est que songe, le mal futur est moins encore. Les espèces l'emportent; contre le poids des 5, le fétu des 3 n'a pas beau jeu à lutter. On voit les uns à 104, à 108, plutôt que les autres à 78 et 81. »

L'horoscope tiré en juillet vient de se réaliser en août, dans la proportion de 102 à 72. L'auteur n'est point sorcier cependant; si parfois les fastes de l'avenir se représentent à sa pensée, c'est que les archives du passé en portent l'image fidèle.

Or, il avait lu dans l'ouvrage de Sinclair, qu'en Angleterre les 5 pour 100 s'étaient fixés pendant sept ans, de

1786 à 1793, entre 110 et 120; il avait lu dans le document
fourni aux chambres, qu'ils s'étaient tenus pendant 5 ans,
de 1817 à 1822, au cours de 106 à 110, et s'y trouvaient
encore 3 mois avant l'époque de leur remboursement.

Et raisonnant *à fortiori*, il se disait en lui-même que si
le prix de ce fonds s'était maintenu ainsi en Angleterre où
des réductions avaient déja été opérées, où son remboursement n'équivalait qu'au 5ᵉ de la dette publique, il devait se maintenir encore mieux en France, où nullé ré-
duction n'avait été opérée, où son remboursement après
la conversion de trente millions excédait les trois quarts de
la dette publique.

· Le phénomène est avéré. Si l'imagination était inca-
pable d'en pressentir l'existence, la réflexion sera peut-être
plus heureuse en recherchant ses causes.

L'imperturbable ténacité des rentiers dont quelques-uns
seulement se déclassent peu à peu, à des taux de plus en
plus élevés, imprime un caractère de fixité au cours des
5 pour 100, un caractère de régularité à la hausse de leur
prix.

Tel est le premier appât qui tende à attirer vers cet
effet les épargnes capitalisées, et les réserves temporaires
opérées sur les fonds de la richesse nationale : soit à de-
meure, soit à terme, on voit s'y colloquer les profits de
l'industrie, les rentrées de fonds, les excédans de revenus,
les résidus de caisse, lesquels ne sont nullement tentés de

se confier à ces alternatives de hausse et de baisse, que présage le *Moniteur* aux 5 pour 100 (20 juillet).

La certitude de réaliser son capital au même taux et à chaque instant, domine si fortement la direction des placemens, que c'est tout au plus si le bénéfice de l'intérêt doit exercer une influence supérieure, au profit des 6 pour 100.

Il y a peu à dire sur l'effet de cette dernière influence : sous la raison mathématique, elle entraîne évidemment tous les capitaux; sous le rapport moral, elle est à peine combattue par l'inquiétude des projets, par la crainte du remboursement.

Ainsi, pendant que les 3, en dépit du jeu de l'amortissement, après s'être débattus quelque temps, tombent dans l'état de langueur, il survient en faveur du cours des 5, une puissance naturelle dont l'action est constante, dont la marche est régulière, une puissance émanée des choses et s'accroissant avec les temps, qui ne craint point d'être assimilée aux ressources décévantes qu'imagine l'esprit fiscal.

Ainsi les 5 s'élèvent au-dessus du pair réel, par les mêmes causes qui dépriment les 3 au-dessous du taux d'échange.

Le fonds d'amortissement dévoué au service des 3, fournit tous les argumens qui puissent s'imaginer en leur faveur.

Ici, il faut dire que les orateurs de l'opposition ont eux-mêmes prêté des armes contre leur cause, en exagérant la puissance de l'amortissement, en supposant que le cours des 3 devait s'élever à 80 et 85, dans l'intention d'exposer les pertes qui en résulteraient pour la fortune publique : c'était établir des principes erronés pour en tirer des preuves surabondantes.

L'action de l'amortissement s'exerce essentiellement, à l'effet de retirer du marché et d'annuler une portion des fonds publics, de sorte à diminuer leur masse. C'est à peu près le seul résultat qui soit obtenu en France, où les achats s'opèrent à raison d'un trois centième de la dotation annuelle par chaque jour de bourse.

Supposez que l'emploi du fonds quotidien, équivale à 10,000 francs en 3 pour 100, l'influence qui en dérive sur le cours devient tout-à-fait nulle, pour peu qu'il se présente à la vente 100,000 f. de rentes, un million de rentes, comme il arrive souvent, surtout lors des liquidations.

Calculez cette influence par semaine ou même par mois ; ce ne sera jamais que 60,000 fr. et 240,000 fr. de rente retirés du marché pendant un intervalle où un demi million et deux millions de rentes auront pu être jetées sur la place.

L'action de l'amortissement ne s'exerce efficacement dans le sens de soutenir le cours, qu'autant que les commissaires gardent une réserve de fonds, et, surveillant l'état présent ou prochain de la Bourse, en font l'emploi au moment d'une baisse accidentelle, afin de donner aux esprits le temps de se calmer, aux capitaux le temps de se réunir.

Le gouvernement qui aurait l'heureuse idée, après avoir

Le ministre termine en disant que c'est une ressource à laquelle il serait dangereux de recourir, suivant son *opinion*, mais qui se trouve ménagée dans son *système*.

Ainsi, quant à l'emploi futur de cette ressource, le débat est ouvert entre son opinion et son système : et, comme son système, s'il se réalisait, deviendrait notre système, tandis que son opinion actuelle peut être remplacée par une opinion contraire, et qu'en outre, le porteur de cette opinion peut être déplacé par le porteur d'une autre opinion, il s'ensuit que le péril est grandement menaçant.

Chacun peut calculer les résultats; chacun peut voir ce que deviendrait ce fonds constitué à 5 pour 100 d'intérêt, et poussé d'abord à 75, puis à 80 et 85 peut-être, lorsque le mécanisme de l'amortissement s'arrêterait.

Mais pourquoi dire ces choses? Pourquoi prédire des hasards? Le ministère anglais, qui ne l'a jamais fait, le ferait mille fois plutôt qu'il ne le dirait une seule fois. Quant à celui qui le dit, ne doit-on pas croire qu'il est déjà tenté de le faire?

Il n'est question, ici, que des systèmes de crédit, que des lois sur la dette publique : car, de nos jours, on prétend faire du crédit avec des systèmes, et se défaire de sa dette avec des lois.

Veut-on apprendre comment les affaires ont été conduites à cet égard? Qu'il soit fait une enquête sur les suites du déclassement opéré lors du premier projet.

L'œuvre est facile ; il n'est besoin d'interpeller les vic-
times. Les cabinets des receveurs des rentes qui tournent
en déserts, les boutiques qui s'étouffent, les bâtisses qui
se croisent, et les prêts qui courent les aventures, et les
fonds qui se cachent en quelques réduits, tout ne parle-
t-il pas ?

Règlée le bilan de chacun à un ou deux ans de date,
vous n'obtiendrez pour balance que douleur et misère :
car ce sont les petits et moyens rentiers que la terreur a
frappés, que la prévision n'a pas servis ; timides et frêles
existences, menacées de périr à chaque altération un peu
brusque de l'économie sociale, également foulées et brisées
dans ses mouvemens d'ascension et de dépression ; à qui
la loi devait se dévouer, et qui n'ont plus qu'à se retirer
devers la Providence.

Voilà l'acte d'une pensée, voilà l'œuvre d'un projet :
et le ministre n'a pas été rendu responsable d'une telle
déperdition de capitaux, d'une telle désaffection des esprits ! Et l'année de deuil n'est pas écoulée, qu'il a déja
repris, en toute sécurité, ses fatales brisées !

Comment avez-vous acquis ou conquis 5o millions de
conversions ? Une portion s'est opérée par ordre : le patient
avait l'option entre deux genres de tortures, ou de perdre
sa place ou de risquer sa fortune. Cette fois, la conscience
n'était pas en jeu ; il est peu à plaindre, vous êtes peu à
blâmer.

L'autre portion des conversions ne s'est effectuée qu'à

l'aide des menaces, des promesses, des manœuvres. « Les vieux 5 seront remboursés, c'est immanquable; les jeunes 3 monteront à 8o et 85, c'est immanquable. » Et ce qui était plus immanquable encore, des centaines de millions ont soutenu l'effet des vains discours.

Tout gît dans l'exhaussement des 3. Devez-vous y réussir? Le triomphe n'absout pas; la question intentionnelle reste à juger.

Mais la réussite est impossible. Les 24 millions convertis n'entrent dans les 3 que pour en sortir; les 3o millions de l'indemnité, relégués dans les 3, aspirent à s'en échapper. En déduisant les achats de l'amortissement, il faut un milliard pour rembourser les détenteurs au cours de 75; il faut un milliard qui vienne de l'étranger et n'y retourne jamais : car nul régnicole ne se laissera inscrire en leur lieu que pour réaliser à quelques francs de bénéfice, à quelques jours de délai. Il y a donc déception dans les espérances suscitées.

Les 5 constituaient le signe d'échange, remplissaient l'office du numéraire, de la monnaie, au marché où venait s'offrir la denrée des 3; et, comme le cours vénal de la denrée n'avait pas encore été coté, comme sa vente devait se conclure à prix fixe, il a fallu déprécier le signe, avilir le titre de la monnaie, au moins en imagination. C'est ce qui a été fait au moyen de la menace du remboursement.

De plus, il a été jugé convenable, afin de pouvoir négocier la denrée à 25 pour 100 au-dessus du prix réel, d'exagérer sa valeur future, et de garantir en paroles une hausse excédante de 10 à 15 pour 100. C'est ce qui a été fait au moyen du titre simulé des 3 pour 100, puis à l'aide de tant de sornettes débitées sur la baisse de l'intérêt, sur l'exubérance des capitaux, sur les rapports du crédit de la France et de l'Angleterre.

En trompant les rentiers sur le prix du signe d'échange, il y a eu fraude ; en trompant les rentiers sur la valeur de la denrée mise en vente, il y a eu dol.

Le projet qui accordait une faculté n'était qu'innocent ; les mesures qui en ont forcé l'exercice sont coupables.

Justice sera-t-elle faite ? Qu'on y songe bien : autrement, la route est ouverte à tous les délits, à tous les désastres ; la fraude et le dol passeront en usage, en loi, en devoir peut-être. Que n'a-t-on pas vu déja ?

FIN.

A. PIHAN DELAFOREST,

IMPRIMEUR DE MONSIEUR LE DAUPHIN.